Onde Observar
Aves no Alentejo
Castro Verde e Mértola

Gonçalo Elias

Onde Observar Aves no Alentejo

Castro Verde e Mértola

Título: Onde Observar Aves no Alentejo
                         Castro Verde e Mértola
Autor: Gonçalo Elias
Fotografia da capa: Abetarda *Otis tarda*
                         (Pedro Marques)
Ilustrações digitais: C. Maria Elias
Produção: C. Maria Elias
Impressão: Kindle Direct Publishing
Distribuição: Amazon.com

1ª edição, Julho 2020

ISBN: 979-8663994286

Print On Demand

Contacto: goncalo.elias@gmail.com

ÍNDICE

Castro Verde

Situada no meio de uma vasta planície ondulada, a vila de Castro Verde faz parte do chamado 'Campo Branco'. Tal como Mértola (descrita abaixo), pertence ao distrito de Beja e à região do Baixo Alentejo.

O concelho de Castro Verde estende-se por 569 km² e tem cerca de 7300 habitantes. É delimitado por outros cinco concelhos: Almodôvar a sul, Ourique a oeste, Aljustrel e Beja a norte e Mértola a leste.

A paisagem é quase plana e muito aberta, havendo muito poucas árvores. Algumas ribeiras atravessam a área, correndo em direcção ao rio Guadiana. Existem também diversos açudes, usados principalmente para a agricultura.

Mértola

Mértola é uma pitoresca vila na margem direita do rio Guadiana. É um assentamento antigo, com uma história que remonta ao período romano, época em que se chamava *Myrtilis Iulia*.

O município de Mértola é um dos maiores de todo o país – cobre uma área de 1293 km². A sua população é semelhante à de Castro Verde (cerca de 7300 habitantes). O concelho é limitado a oeste por Almodôvar e Castro Verde, a norte por Beja e Serpa. Para leste fica Espanha e, do lado sul, o Algarve.

A paisagem difere muito da do vizinho concelho de Castro Verde: há mais colinas, vales mais profundos e mais vegetação. O solo é xistoso e há muito menos agricultura.

O rio Guadiana divide o município em duas partes. O lado oriental (margem esquerda) é muito seco. O local mais notável dessa zona é a antiga Mina de São Domingos.

Mapa de Portugal mostrando a localização de
Castro Verde, Mértola e da capital Lisboa

Observar aves na região de Castro Verde e Mértola

A região descrita neste livro é conhecida desde há muito tempo entre os observadores de aves como uma das melhores áreas em Portugal para dois grupos de aves: por um lado, as estepárias, incluindo abetardas, sisões, cortiçóis, rolieiros e calhandras; por outro lado, grandes planadoras, tais como abutres, águias e outras aves de rapina.

No entanto, a região de Castro Verde e Mértola tem muito mais para oferecer, incluindo aves aquáticas, passeriformes e outras aves terrestres, muitas das quais não são fáceis de encontrar no resto do país. Merecem destaque, pela sua escassez, as seguintes espécies: zarro-castanho, cegonha-preta, peneireiro-das-torres, grou, perdiz-do-mar, gaivina-dos-pauis, gaivina-de-bico-preto, cuco-rabilongo, mocho-pequeno-d'orelhas, noitibó-de-nuca-vermelha, andorinhão-cafre, chasco-ruivo, papa-figos e bico-grossudo, entre outros.

Numa visita bem planeada, não é difícil ver 70 ou mesmo 80 espécies num só dia, sendo até possível conseguir mais em certas épocas do ano.

Porém, a área é vasta e não é possível explorá-la completamente num único dia. O número de locais interessantes é grande e as distâncias são muitas vezes longas; assim, é aconselhável escolher locais que não fiquem longe uns dos outros, para reduzir o tempo de viagem.

A melhor estratégia para explorar a região dependerá de quais são os tipos de aves que se pretende ver. Seguidamente sugerem-se alguns itinerários, cada um deles correspondendo a uma estratégia diferente. Os números entre parêntesis referem-se aos locais de observação – para os sítios principais (1 a 16), por favor veja o mapa na página 13; os sítios adicionais (17 a 27) são descritos resumidamente nas páginas 46-48.

Aves estepárias

As estepárias, especialmente os cortiçóis e as calhandras-reais, tendem a ser mais activos durante as primeiras horas do dia, por isso é recomendável começar bem cedo, logo ao nascer do sol. Os melhores locais para estepárias são: Vale Gonçalinho (4), Rolão (5),

Corte Pequena (7) e Penilhos (8), além de São Marcos da Ataboeira (24). No entanto, estas aves podem surgir noutros locais da região; deste modo, ao percorrer as estradas secundárias, vale a pena parar em locais elevados, com vistas amplas, e prospectar as áreas circundantes. Os rolieiros também ocorrem em Casével (2).

Quanto aos grous, chegam geralmente no final de Outubro e ficam até aos últimos dias de Fevereiro. Os sítios preferenciais para encontrar esta espécie são Aracelis (6) e Corte Pequena (7), mas também Vale de Açor (25) e, às vezes, Fontes Bárbaras (19).

Aves de rapina

As aves de rapina podem aparecer em qualquer lugar, mas, como regra geral, as espécies maiores (águia-de-bonelli, águia-cobreira, águia-imperial e águia-real, bem como o grifo e o abutre-preto) são mais comuns na zona Mértola, enquanto as aves de rapina mais pequenas (falcões, tartaranhões, milhafres e águia-calçada) são mais frequentes em redor de Castro Verde.

Considerando que as espécies maiores tendem a ser mais fáceis de detectar a partir do meio da manhã, a melhor estratégia passa por começar perto de Castro Verde, procurando espécies menores, como peneireiro-das-torres, tartaranhão-caçador, milhafre-preto e águia-calçada (na Primavera) ou esmerilhão, tartaranhão-azulado e milhafre-real (no Inverno); e ainda tartaranhão-dos-pauis, peneireiro-vulgar e peneireiro-cinzento (todo o ano). Alguns dos melhores locais para ver todas estas espécies são: Horta da Nora (1), Casével (2), Vale Gonçalinho (4) e Rolão (5).

À medida que o meio-dia se aproxima, tente deslocar-se para lugares situados mais a leste, como Aracelis (6), Corte Pequena (7), Penilhos (8), Pulo do Lobo (13) e Mina de São Domingos (14), procurando então as espécies maiores. Os abutres-pretos tendem a juntar-se aos bandos de grifos, por isso todos os bandos de abutres merecem uma inspecção cuidadosa.

Aves aquáticas

Para os interessados em aves aquáticas, sugere-se uma visita aos açudes existentes na zona. Os açudes mais interessantes são descritos em detalhe e incluem: Horta da Nora (1), Carregueiro (3), Rolão (5), Álvares (9) e São João dos Caldeireiros (10). No Inverno, pode-se esperar ver uma boa variedade de patos, bem como garças e limícolas; na Primavera, espécies típicas incluem perdiz-do-mar, gaivina-de-bico-preto e gaivina-dos-pauis (a última é irregular) e borrelho-pequeno-de-coleira. O final do Verão pode trazer um bom lote de aves de passagem, não apenas limícolas, mas também outras espécies como colhereiros, garças e até passeriformes – todas estas aves são atraídas para os pontos de água quando os campos estão secos e quentes. Saliente-se que os níveis de água nos açudes podem variar bastante e que alguns deles podem secar completamente em certos anos, especialmente durante o Verão.

Existem outros pequenos açudes nos seguintes locais: Hortas Comunitárias (18), Fontes Bárbaras (19), Entradas (20), Vale de Açor (25), Almajões (26) e Corvos (27) - consulte a secção 'Locais adicionais' na página 46 para obter mais detalhes sobre esses sítios.

Passeriformes

A região descrita neste livro é muito rica em passeriformes, e alguns dos locais descritos são particularmente adequados para os encontrar, sobretudo na metade oriental da região (concelho de Mértola). Alguns dos melhores sítios para ver uma boa variedade de passeriformes são: São João dos Caldeireiros (10), Água Santa da Morena (11), Mértola (12), Pulo do Lobo (13) e Mesquita (16).

Na metade mais ocidental (Castro Verde), a paisagem é geralmente aberta. As espécies típicas incluem cotovias, petinhas, picanços, estorninho-preto, fuinha-dos-juncos e trigueirão.

Também vale a pena inspeccionar as pontes, não apenas porque são usadas como locais de nidificação por andorinhas (incluindo andorinha-das-rochas e andorinha-dáurica), mas também porque permitem uma aproximação aos vales dos rios e das ribeiras, onde a vegetação densa atrai espécies interessantes como felosas e pequenos turdídeos, incluindo o raro rouxinol-do-mato. Convém notar que o estacionamento nas pontes não é permitido, por isso é aconselhável estacionar antes ou depois da ponte e caminhar a partir daí.

As aves florestais não são muito abundantes, pois grande parte da região é quase totalmente desarborizada. No entanto, existem algumas zonas com azinhal ao longo da estrada para o Pulo do Lobo (13), em São Pedro das Cabeças (23) e ao redor de Corte Sines (27); há uma galeria ribeirinha em Água Santa da Morena (11), um pinhal em torno de Mértola (12) e algumas plantações de eucalipto na Mina de São Domingos (14). As aves que podem ser encontradas nestes habitats incluem tentilhões, chapins, trepadeira-comum, pega-azul e papa-figos, bem como alguns não-passeriformes, como pica-paus, rola-brava e cuco-rabilongo.

Aves nocturnas

Uma visita nocturna pode ser muito produtiva, especialmente se forem visitados os locais apropriados. O mocho-galego e a coruja-das-torres são bastante comuns no concelho de Castro Verde (a segunda pode ser encontrada em vilas e aldeias). O bufo-pequeno é frequentemente visto durante o dia no meio da vila de Castro Verde (17). O mocho-pequeno-d'orelhas é um migrador estival escasso e o local onde é mais regular situa-se em São Pedro das Cabeças (23). A coruja-do-mato ocorre em pequenos números em áreas florestais. O bufo-real é, como sempre, muito difícil de ver, mas as hipóteses são maiores na metade oriental da região, por exemplo, no Pomarão (15). O noitibó-de-nuca-vermelha é um visitante estival bastante comum e pode ser facilmente encontrado perto de Aracelis (6), Álvares (9) ou Mértola (12).

Castro Verde – circuito de um dia

Para explorar a parte ocidental da região (zona de Castro Verde), a melhor abordagem é escolher os sítios que estão mais próximos desta vila. Uma estratégia inteligente é começar em sítios que sejam bons para passeriformes de campo aberto e aves estepárias, como o Vale Gonçalinho (4), e depois prosseguir para locais com açudes, como Horta da Nora (1), Carregueiro (3) e Rolão (5). A meio da manhã, as aves de rapina já deverão estar no ar e uma visita a Aracelis (6) poderá aumentar as hipóteses de ver algumas das espécies maiores, e no Inverno ainda poderá ter o bónus de ver alguns grous. Na Primavera, uma visita a Casével (2) poderá ser recompensada com peneireiro-das-torres e rolieiro.

Existem vários outros locais interessantes perto de Castro Verde, que são descritos resumidamente nas páginas 46 a 48.

Mértola – circuito de um dia

O concelho de Mértola é muito grande e, portanto, não é fácil ver toda a área em apenas um dia. No entanto, é possível visitar os sítios mais relevantes se a visita for planeada com antecedência.

Tal como sugerido acima para Castro Verde, é melhor começar em locais que são bons para passeriformes, como Água Santa da Morena (11) ou até a vila de Mértola (12) e o seu pinhal. Depois disso, sugere-se procurar algumas espécies em áreas abertas, como Penilhos (8) ou Corte Pequena (7). Após o meio da manhã, é um excelente momento para visitar os principais açudes, como os de

Álvares (9) e São João dos Caldeireiros (10), enquanto se olha para o céu e procura algumas aves de rapina. Por fim, siga para norte em direcção ao Pulo do Lobo (13), procurando mais aves planadoras.

Quanto à parte oriental do concelho, os dois principais locais são a Mina de São Domingos (14) e o Pomarão (15). Ambos têm uma boa variedade de passeriformes; assim, também aqui um início precoce pode ser compensador. Além disso, a mina é boa para andorinhões-cafres a partir de Maio e também para grandes rapinas.

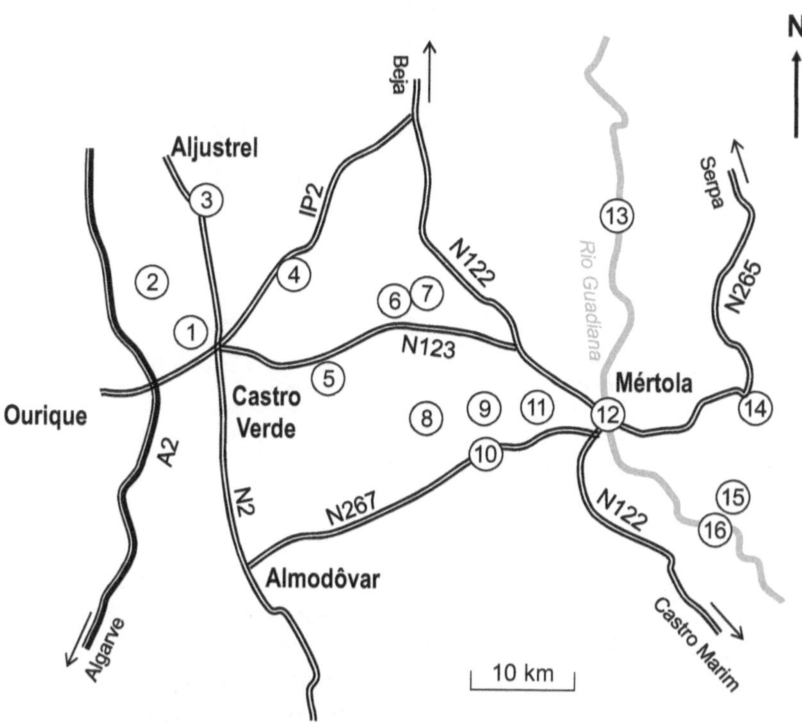

1.	Horta da Nora	9.	Álvares
2.	Casével	10.	São João dos Caldeireiros
3.	Carregueiro	11.	Água Santa da Morena
4.	Vale Gonçalinho	12.	Mértola
5.	Rolão	13.	Pulo do Lobo
6.	Aracelis	14.	Mina de São Domingos
7.	Corte Pequena	15.	Pomarão
8.	Penilhos	16.	Mesquita

Mapa da região de Castro Verde e Mértola,
com indicação dos melhores locais de observação de aves

Horta da Nora

Um pequeno açude com vegetação emergente.

Aves

Residentes: pato-real, frisada, pato-trombeteiro, mergulhão-pequeno, garça-boieira, garça-branca-pequena, cegonha-branca, peneireiro-cinzento, tartaranhão-dos-pauis, bútio-comum, pernilongo, alcaravão, cortiçol-de-barriga-preta, guarda-rios, poupa, calhandra-real, cotovia-de-poupa, cotovia-arbórea, rouxinol-bravo, picanço-real, corvo, chamariz, pintarroxo, bico-de-lacre, pardal-espanhol, trigueirão

Verão: codorniz, milhafre-preto, borrelho-pequeno-de-coleira, abelharuco, rouxinol-comum, rouxinol-grande-dos-caniços, papa-figos

Inverno: marrequinha, garça-branca-grande, garça-real, colhereiro, milhafre-real, abibe, tarambola-dourada, narceja, maçarico-das-rochas, maçarico-bique-bique, pombo-bravo, chapim-de-faces-pretas

Como visitar

A Horta da Nora é muito fácil de encontrar: deixe Castro Verde pela estrada de Casével. Cerca de 1,5 km à frente, logo depois de passar a indicação Brunhachos e uma ponte estreita, aparecem algumas árvores à esquerda. Procure um caminho curto à esquerda e estacione.

A partir deste ponto (37.7071, -8.1030) é possível ver uma grande parte do açude. A melhor estratégia é geralmente ficar aqui por um tempo, não apenas por causa da massa de água em si, mas também porque este é um local conveniente para explorar os campos circundantes. O açude está vedado, mas muito pode ser visto do lado de fora da cerca.

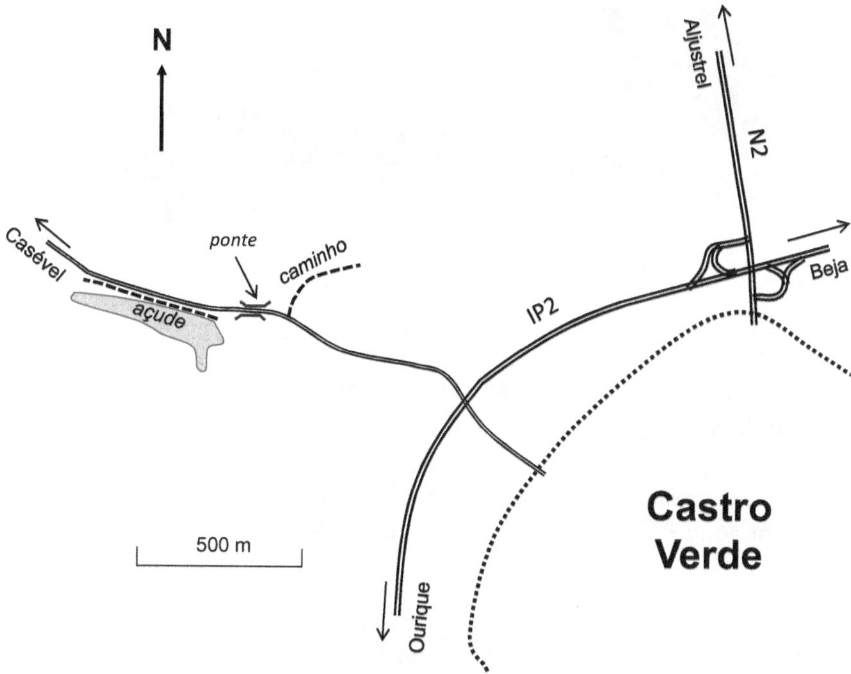

Esta localização atrai uma boa variedade de aves aquáticas ao longo do ano, incluindo patos, mergulhões, garças e limícolas. Um caminho estreito corre ao longo do lado norte do açude (do lado exterior da cerca) e continua até à outra ponta. A partir deste caminho, é possível inspeccionar as várias secções do açude. Além disso, vale a pena explorar a vegetação emergente ao longo da margem, que geralmente atrai alguns passeriformes, incluindo o rouxinol-grande-dos-caniços na primavera e o chapim-de-faces-pretas no Inverno.

Nos campos envolventes há várias aves de zonas abertas, incluindo estepárias e aves de rapina. No Inverno pode ver-se milhafre-real, abibe e tarambola-dourada, enquanto o peneireiro-cinzento e o alcaravão são residentes. O cortiçol-de-barriga-negra às vezes aparece por aqui, embora seja menos numeroso do que mais para leste.

Casével

Esta é uma zona de prados e searas. Existe uma estação ferroviária abandonada que também é um ponto de interesse.

Aves

Residentes: perdiz, garça-boieira, cegonha-branca, bútio-comum, abetarda, alcaravão, mocho-galego, poupa, cotovia-de-poupa, cartaxo, rouxinol-bravo, fuinha-dos-juncos, toutinegra-carrasqueira, picanço-real, estorninho-preto, trigueirão

Verão: codorniz, milhafre-preto, tartaranhão-caçador, peneireiro-das-torres, abelharuco, rolieiro, andorinha-dáurica

Inverno: milhafre-real, laverca, petinha-dos-prados

Como visitar

Casével é uma pequena vila situada a cerca de 10 km para noroeste de Castro Verde. Partindo desta vila, siga as instruções para a Horta da Nora (página 14) e continue por mais 9 km até Casével. Ao chegar a esta aldeia, procure a estrada para a 'estação de Casével'. A estrada atravessa uma área de campos abertos e leva à antiga estação ferroviária, que actualmente é apenas um conjunto de ruínas, junto a uma linha abandonada (37.7794, -8.1807).

Este local é um dos melhores pontos da região para ver o peneireiro-das-torres, pois aqui nidificam vários casais. A espécie é geralmente fácil de observar a partir de Fevereiro – a vocalização (um *tchak-tchak-tchak* rápido) é muito diferente da do peneireiro-vulgar. O rolieiro também é regular neste local, principalmente entre meados de Abril e meados de Agosto. No topo da antiga estação, há um ninho de cegonha-branca.

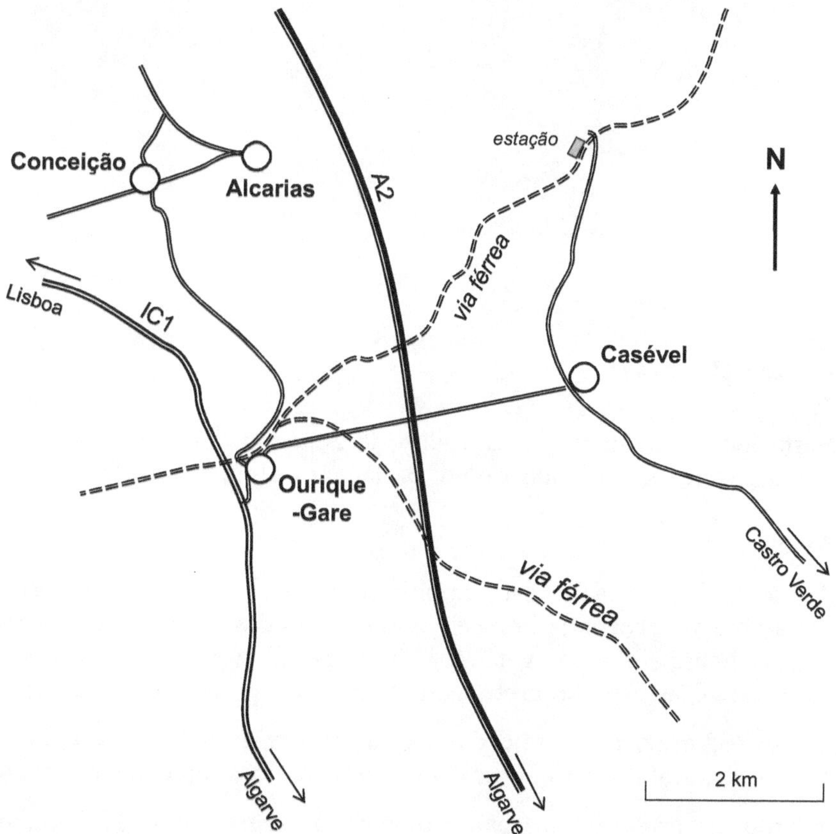

Nos campos circundantes vale a pena procurar aves de rapina. As espécies mais regulares neste local são: o milhafre-preto e o tartaranhão-caçador na Primavera e o milhafre-real no Inverno. Outras espécies de interesse que por vezes aparecem nestes campos incluem a abetarda, o alcaravão e a codorniz.

Carregueiro

Neste local, situado já no concelho de Aljustrel, há um açude com vegetação emergente, rodeado por pastagens e alguns eucaliptos.

Aves

Residentes: pato-real, pato-de-bico-vermelho, mergulhão-pequeno, garça-boieira, cegonha-branca, tartaranhão-dos-pauis, peneireiro-vulgar, galinha-d'água, galeirão, sisão, pernilongo, poupa, cartaxo, picanço-real, estorninho-preto, pardal-espanhol, pintarroxo, trigueirão

Verão: codorniz, milhafre-preto, águia-calçada, borrelho-pequeno-de-coleira, cuco-rabilongo, andorinha-dáurica, felosa-poliglota, papa-figos

Inverno: marrequinha, pato-trombeteiro, zarro-negrinha, zarro-castanho, corvo-marinho-de-faces-brancas, colhereiro, milhafre-real, abibe, maçarico-de-bico-direito, narceja, perna-verde, maçarico-bique-bique, laverca

Como visitar

Saindo de Castro Verde, toma-se a N2 em direcção a norte e continua-se 15 km até Carregueiro. Um pouco antes desta aldeia, vire à direita na estrada para Entradas e depois à esquerda por um estradão de terra com a indicação 'Monte do Gavião'. Este estradão passa por uma galeria de eucaliptos. Prossiga por cerca de 500 m e estacione (37.8218, - 8.0941). O açude encontra-se do lado direito. É aconselhável usar as árvores como 'esconderijo', para evitar perturbar as aves. No Inverno, há frequentemente patos, e vale a pena examiná-los com atenção, pois o raro zarro-castanho já foi registado em várias ocasiões. O pato-de-bico-vermelho é regular. Por vezes aparecem limícolas, dependendo do nível da água – estas aves tendem a favorecer margens lamacentas; portanto, se o açude estiver muito cheio, elas podem estar ausentes.

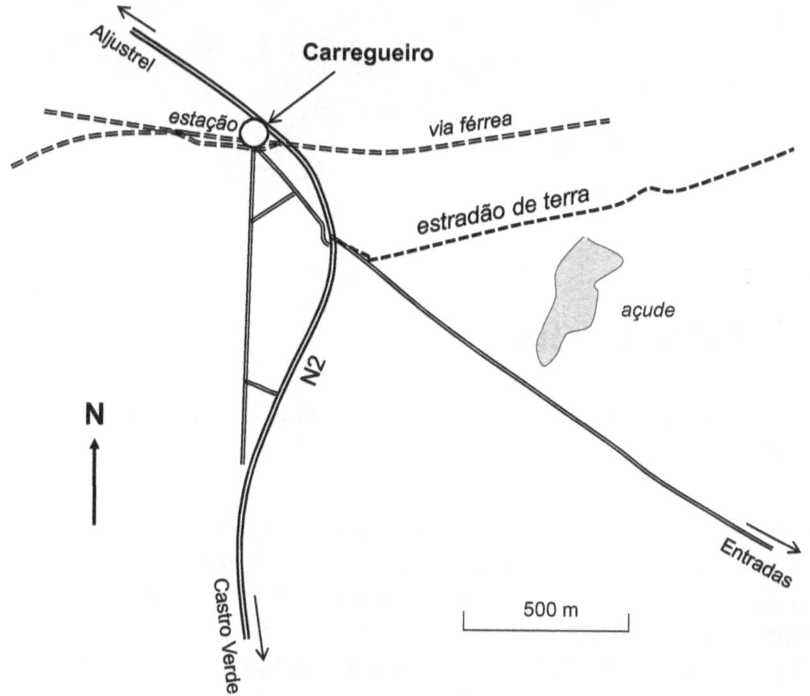

Para ter uma visão melhor do extremo leste do açude, é preferível regressar ao asfalto e seguir 500 m pela estrada para Entradas. O açude está agora do lado esquerdo. Esta opção oferece uma melhor perspectiva da parte 'superior' da água, especialmente sobre as áreas lamacentas, que agora estão muito mais próximas.

Deve notar-se que no final do Verão o açude pode estar quase seco e, se for este o caso, pode não haver quaisquer aves aquáticas.

Embora o açude seja o principal ponto de interesse aqui, também vale a pena olhar em redor, pois é frequente haver aves de rapina. A ponte sobre a antiga ferrovia atrai andorinhas-dáuricas.

Vale Gonçalinho

Um pouco a sul de Entradas, é uma vasta área de campos abertos.

Aves

Residentes: frisada, perdiz, mergulhão-pequeno, garça-boieira, cegonha-branca, peneireiro-cinzento, bútio-comum, águia-imperial, peneireiro-vulgar, galeirão, sisão, abetarda, cortiçol-de-barriga-preta, poupa, calhandra-real, cotovia-de-poupa, fuinha-dos-juncos, picanço-real, gralha-de-nuca-cinzenta, corvo, estorninho-preto, trigueirão

Verão: codorniz, milhafre-preto, tartaranhão-caçador, peneireiro-das-torres, cuco-rabilongo, rolieiro, calhandrinha, petinha-dos-campos

Inverno: pato-trombeteiro, milhafre-real, tartaranhão-azulado, abibe, tarambola-dourada, laverca, petinha-dos-prados, rabirruivo-preto

Como visitar

Este local fica a cerca de 5 km para nordeste de Castro Verde. O acesso é feito pela N391 antiga, que corre paralela ao IP2 (em Castro Verde, perto dos bombeiros procure as indicações para Vale Gonçalinho). Após 5 km, aparece um estradão para a direita – uma grande escultura de uma abetarda é visível no lado direito. O estradão passa por um portão que geralmente está aberto e leva a um pequeno grupo de casas (37.7367, -8.0314). Este é o Centro de Educação Ambiental da LPN. Está aberto de terça a sábado, e aqui podem obter-se algumas informações acerca deste local e das suas aves. O estacionamento é gratuito.

Há um trilho sinalizado (3 km) que permite caminhar pelos campos e ver algumas aves características da zona, como o cortiçol-de-barriga-preta e, claro, o sisão e a calhandra-real. Na Primavera, os machos das calhandras cantam em voo, mas no Inverno estas aves juntam-se em pequenos bandos. O trilho pode ser percorrido em qualquer dia.

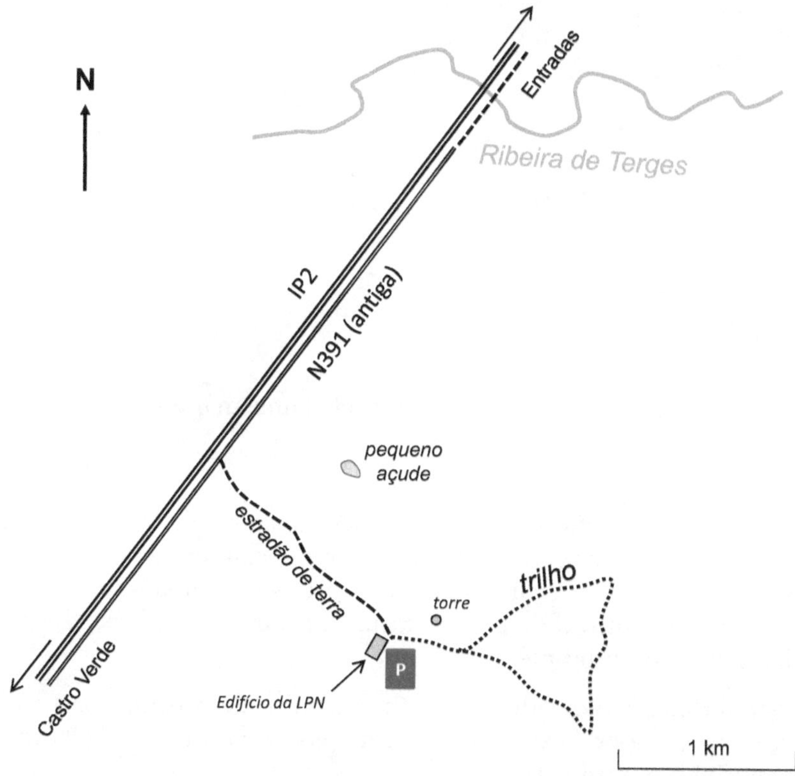

Algumas construções albergam peneireiros-das-torres, rolieiros e gralhas-de-nuca-cinzenta. Uma delas é a torre circular, que é facilmente vista do percurso. Existem também alguns abrigos para fotografia, mas é necessário reservá-los com antecedência e o seu uso é pago.

Do lado norte do estradão de terra, há um pequeno açude. Vale a pena olhar, pois às vezes há lá algumas aves aquáticas, incluindo patos e mergulhões. Dado que está a cerca de 500 m, um telescópio será útil.

Rolão

Zona de pastagens com poucas árvores. Há também um açude.

Aves

Residentes: frisada, pato-real, perdiz, mergulhão-pequeno, mergulhão-de-crista, garça-boieira, cegonha-branca, bútio-comum, galeirão, sisão, abetarda, pernilongo, cortiçol-de-barriga-preta, poupa, guarda-rios, calhandra-real, cotovia-de-poupa, cartaxo, fuinha-dos-juncos, picanço-real, corvo, estorninho-preto, trigueirão

Verão: tartaranhão-caçador, borrelho-pequeno-de-coleira, perdiz-do-mar, gaivina-de-bico-preto, gaivina-dos-pauis, abelharuco, calhandrinha, andorinha-dáurica

Inverno: pato-trombeteiro, marrequinha, garça-branca-grande, colhereiro, milhafre-real, abibe, narceja, perna-verde, laverca

Como visitar

As planícies a sul da N123 podem ser prospectadas directamente a partir desta estrada; no entanto, o tráfego pode ser intenso, tornando essa opção algo desagradável e perigosa. Uma boa alternativa para explorar esta área é ao longo da estrada secundária que leva a Rolão e Viseus. A estrada é bastante estreita; felizmente, existem vários desvios, que podem ser usados para parar e prospectar em segurança.

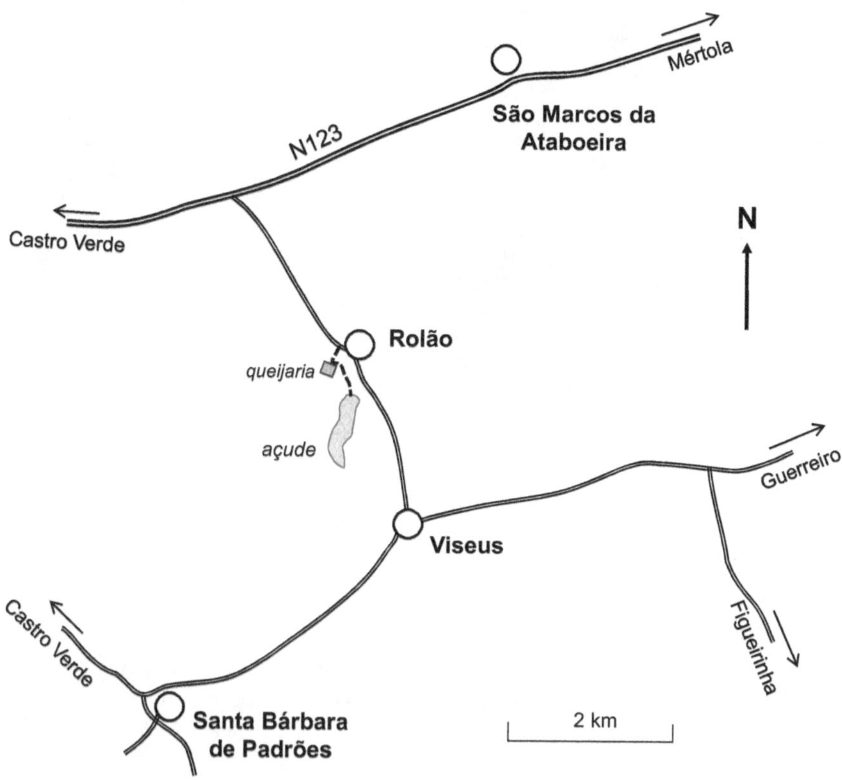

Esta área é excelente para estepárias, sobretudo abetardas e sisões. Ambas as espécies são muito tímidas e não toleram aproximações, por isso é aconselhável observar a partir do carro antes de sair. No Inverno, estas aves formam pequenos bandos que se alimentam ou descansam nos campos. O cortiçol-de-barriga-preta também ocorre nesta zona.

Existem cercas e postes telefónicos de ambos os lados da estrada; os fios e os postes são usados regularmente como poleiro por diversas aves, incluindo o picanço-real e o trigueirão.

Um pouco a sul de Rolão, há um açude que vale a pena visitar. Dado que o local é particular, é necessária autorização. Para isso, procure a queijaria situada logo a oeste da aldeia (tem um desenho de um abetarda na entrada), dirija-se à recepção (37.6742, -7.9627) e peça permissão para visitar o açude. O acesso é feito a pé por um caminho de terra. O açude está num lugar tranquilo e geralmente tem bastantes aves aquáticas, incluindo patos, limícolas e às vezes gaivinas.

Aracelis

Aracelis é o nome de uma capela, que está situada no topo de uma colina, sendo rodeada por algumas árvores e campo aberto.

Aves

Residentes: perdiz, garça-boieira, grifo, águia-imperial, peneireiro-vulgar, abetarda, mocho-galego, poupa, calhandra-real, cotovia-montesina, cotovia-arbórea, melro-azul, toutinegra-do-mato, toutinegra-carrasqueira, pega-azul, estorninho-preto, pardal-espanhol, chamariz, trigueirão

Verão: codorniz, milhafre-preto, águia-cobreira, noitibó-de-nuca-vermelha, abelharuco, andorinha-dáurica, chasco-ruivo, rouxinol-comum, picanço-barreteiro, papa-figos

Inverno: milhafre-real, grou, abibe

Como visitar

Para chegar a Aracelis (por vezes também se escreve *Ara-Celli*), deixe a N123 para norte seguindo a estrada com a indicação 'Salto' - esta estrada secundária começa a leste de São Marcos da Ataboeira. Siga a estrada durante 7 km, até começar a subir. Quando um grande 'portão' branco surgir do lado esquerdo, vire à direita, prossiga até ao topo (37.7463, -7.8870) e estacione. Vale a pena subir as escadas que levam à capela. As vistas sobre a planície são magníficas.

Aracelis é um excelente local para explorar as planícies circundantes. No Inverno, é possível ver ao longe grandes bandos de grous, por vezes com centenas de indivíduos. Em geral os grous estão do lado norte. Este local também é um bom ponto de observação para procurar aves de rapina em voo, especialmente a partir do meio da manhã.

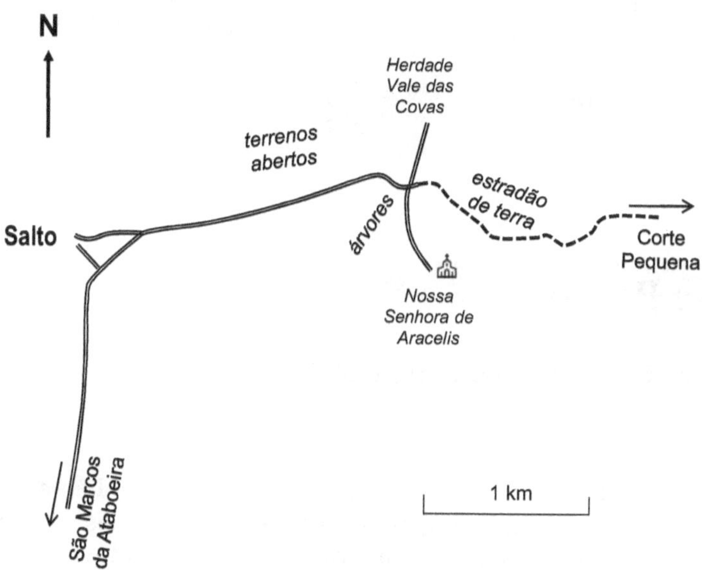

Junto à estrada que leva à capela, existem algumas árvores, especialmente eucaliptos e pinheiros, e aqui é possível encontrar várias aves florestais, algumas das quais não são muito comuns nas planícies desarborizadas de Castro Verde: noitibó-de-nuca-vermelha, cotovia-arbórea e papa-figos. Junto à capela ocorre o melro-azul.

O 'portão' mencionado anteriormente (marcado 'Herdade Vale das Covas') também merece uma paragem. Esta é outra boa localização para explorar as planícies à procura de bandos de grous no Inverno - olhe para o lado norte. As abetardas também são regulares por aqui.

Ao longo da estrada para Salto, a paisagem é mais aberta – nesta zona ocorrem a codorniz, a calhandra-real e o trigueirão.

Corte Pequena

Terrenos abertos com pouca vegetação.

Aves

Residentes: garça-boieira, peneireiro-cinzento, tartaranhão-dos-pauis, grifo, abutre-preto, águia-imperial, peneireiro-vulgar, sisão, abetarda, cortiçol-de-barriga-preta, poupa, calhandra-real, cotovia-de-poupa, cotovia-arbórea, picanço-real, corvo

Verão: codorniz, milhafre-preto, tartaranhão-caçador, abelharuco, calhandrinha, chasco-ruivo

Inverno: milhafre-real, tartaranhão-azulado, açor, grou, abibe, tarambola-dourada, pombo-bravo, laverca, petinha-dos-prados

Como visitar

Esta área está situada a norte da N123, aproximadamente a meio caminho entre Castro Verde e Mértola. Se vier de Castro Verde, siga a N123 em direcção a leste por cerca de 20 km, depois vire à esquerda seguindo a indicação 'Corte Pequena', siga esta estrada durante 5 km e estacione onde os sinais indicam 'Peso' e 'Balança' (37.7587, -7.8514).

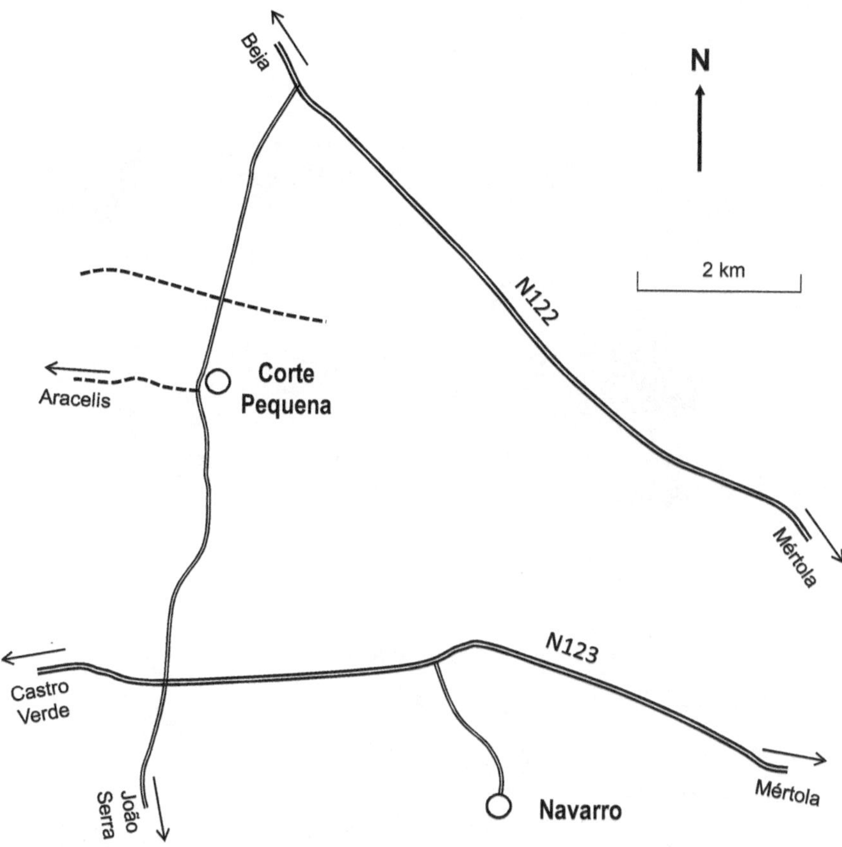

Este local é um dos melhores da região para aves estepárias. Uma boa estratégia é ficar aqui algum tempo e prospectar. A densidade de cortiçol-de-barriga-preta é das mais altas da região, e em geral estas aves não são difíceis de ver. Tente ouvir as vocalizações e procure pequenos grupos em voo. De manhã cedo é a melhor hora para ver estas aves esquivas. As abetardas também são vistas regularmente por aqui. Podem ver-se pequenos grupos nas encostas das colinas, mas, como sempre, estas aves são muito ariscas e mantêm-se à distância. Por esse motivo, um telescópio pode ser muito útil. A calhandra-real é bastante frequente e também já aqui foram registados bandos de grous.

Corte Pequena é igualmente um bom sítio para rapinas. A meio da manhã, compensa ficar aqui algum tempo e observar o céu. Abutres e águia-imperial são regulares, bem como várias espécies mais pequenas.

Noutros pontos da estrada (entre a N123 e a N122), vale a pena parar aqui e ali para procurar rapinas, cotovias e outras aves. A estrada não pavimentada com a indicação 'Aracelis' também é uma boa opção, pois é tranquila e oferece a oportunidade de ver aves interessantes.

Penilhos

Zona desarborizada.

Aves

Residentes: perdiz, cegonha-branca, peneireiro-cinzento, grifo, abutre-preto, peneireiro-vulgar, sisão, cortiçol-de-barriga-preta, mocho-galego, poupa, calhandra-real, cotovia-de-poupa, cotovia-montesina, fuinha-dos-juncos, picanço-real, pega-azul, estorninho-preto, pardal-espanhol, pintarroxo, trigueirão

Verão: codorniz, águia-calçada, cuco-rabilongo, noitibó-de-nuca-vermelha, rolieiro, abelharuco, calhandrinha, andorinha-dáurica, chasco-ruivo, picanço-barreteiro

Inverno: milhafre-real, tartaranhão-azulado, tarambola-dourada, abibe, laverca, petinha-dos-prados

Como visitar

Penilhos é o nome de uma aldeia situada mais ou menos a meio caminho entre Castro Verde e Mértola, a sul da N123. Encontra-se 5 km a noroeste de São João dos Caldeireiros (página 32). A área consiste sobretudo em terrenos incultos e não há muita perturbação. Há um campo militar na zona, mas que actualmente não é utilizado.

À primeira vista, a área de Penilhos pode parecer um pouco 'vazia' e, na verdade, o número de aves por aqui geralmente não é elevado. No entanto, estepárias e grandes aves de rapina são vistas com frequência neste local e, por esse motivo, o local foi incluído neste livro.

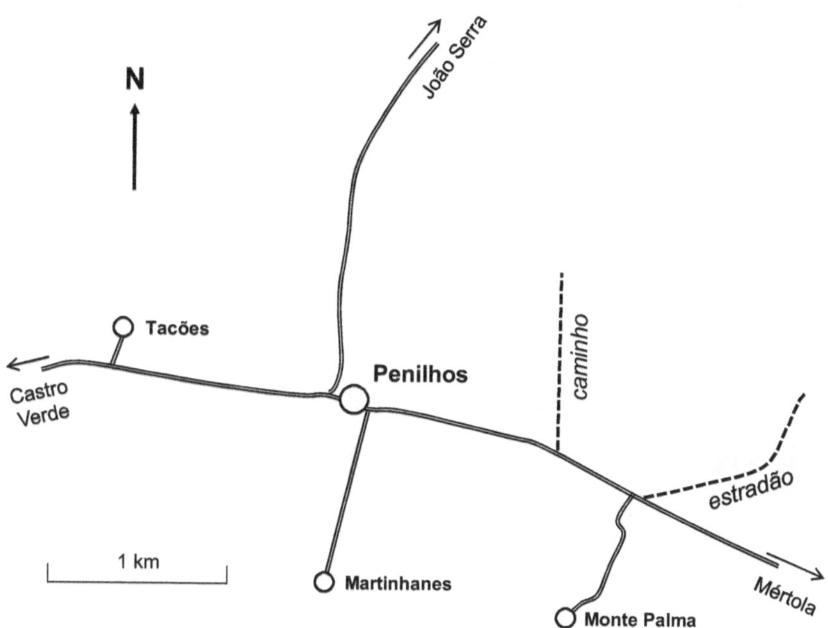

Quatro estradas secundárias partem de Penilhos e qualquer uma delas pode ser usada para explorar a área.

Uma boa opção é deixar a aldeia em direcção a leste e parar após 1 km - há um caminho do lado esquerdo, em frente a um ninho de cegonha (37.6407, -7.8385). Esta localização é boa para aves estepárias, em especial abetarda, cortiçol-de-barriga-preta e calhandra-real (grandes bandos desta última são frequentemente registados aqui). Bandos de tarambolas-douradas ocorrem no Inverno. Este também é um bom local para procurar aves de rapina, principalmente depois do meio da manhã. É fácil ver o picanço-real nos cabos ao longo desta estrada.

A estrada ao sul de Martinhanes também atravessa alguns campos que no Inverno atraem cotovias e abibes.

O pardal-espanhol é frequente em Penilhos, pode ser visto facilmente sob os ninhos da cegonha-branca, mas também nidifica nas árvores.

Álvares

Campo aberto com alguns olivais e um açude.

Aves

Residentes: frisada, pato-real, perdiz, mergulhão-pequeno, grifo, abutre-preto, águia-imperial, águia-real, alcaravão, pernilongo, cortiçol-de-barriga-preta, mocho-galego, poupa, cotovia-montesina, fuinha-dos-juncos, picanço-real, corvo, estorninho-preto, pardal-espanhol, pardal-francês, pintarroxo, trigueirão

Verão: codorniz, águia-cobreira, borrelho-pequeno-de-coleira, perdiz-do-mar, gaivina-de-bico-preto, cuco-rabilongo, noitibó-de-nuca-vermelha, abelharuco, chasco-ruivo

Inverno: milhafre-real, narceja, perna-verde, maçarico-bique-bique

Como visitar

Álvares situa-se 15 km a oeste de Mértola. O acesso a partir desta vila é feito pela N267 para o oeste e depois para a direita em Namorados. Continue por mais 10 km. Em Álvares, procure uma estrada de terra à esquerda e continue por 2,5 km – o açude surge do lado direito

(37.6473, -7.8174). Também é possível chegar aqui de Penilhos, saindo desta aldeia para leste e depois virando à esquerda por uma estrada de terra até o açude aparecer. Este açude é o principal ponto de interesse. A área é de acesso livre, e é possível caminhar ao longo da margem.

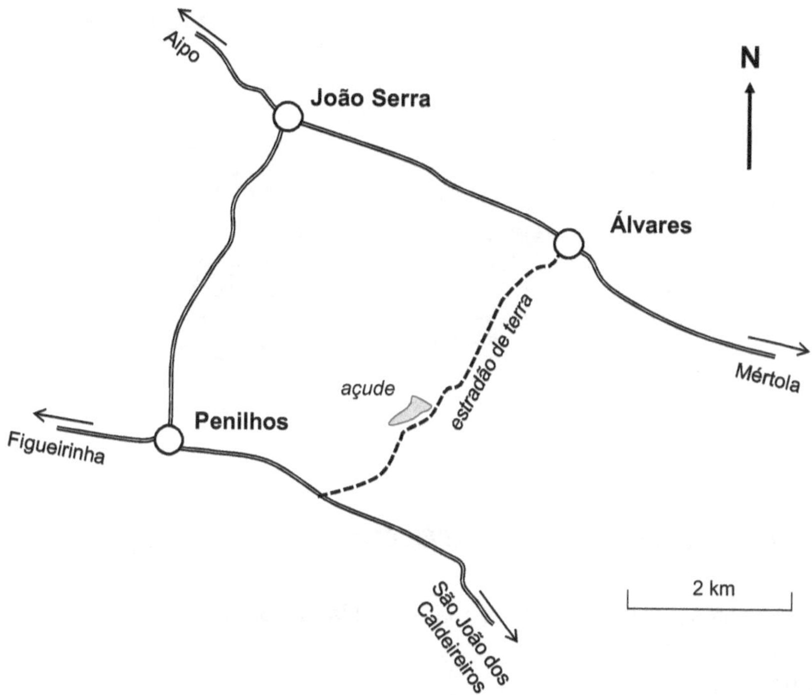

Na Primavera, costuma haver algumas perdizes-do-mar e gaivinas-de-bico-preto, bem como borrelho-pequeno-de-coleira e pernilongo. Fora da época dos ninhos aparecem outras espécies de limícolas. Este local atrai também outras aves aquáticas, como patos, garças ou mergulhões. Porém, tal como sucede noutros açudes da região, o nível da água pode estar muito baixo e, nesse caso, pode não haver aves aquáticas.

Essa área é igualmente boa para grandes planadoras, como as águias e os abutres, por isso é uma boa ideia observar as encostas circundantes, em especial depois do meio da manhã. As aves estepárias são menos numerosas aqui do que noutros lugares mais a oeste, mas às vezes observam-se algumas abetardas, assim como alcaravão e cortiçol-de-barriga-preta. O cuco-rabilongo também é regular na zona.

Quanto aos passeriformes, esta área é melhor para espécies de terrenos abertos, como cotovias, chasco-ruivo e trigueirão. Se continuar para oeste em direcção a Penilhos, verá que a estrada de terra é ladeada por vedações – os postes são usados como poisos por diversas aves.

São João dos Caldeireiros

Esta é uma área dominada por matagal. Há também um açude.

Aves

Residentes: frisada, pato-real, pato-de-bico-vermelho, zarro-comum, perdiz, mergulhão-pequeno, mergulhão-de-crista, grifo, abutre-preto, águia-de-bonelli, galeirão, pernilongo, alcaravão, poupa, guarda-rios, pica-pau-verde, cotovia-montesina, toutinegra-do-mato, toutinegra-carrasqueira, picanço-real, pega-azul, corvo, pardal-espanhol, chamariz, trigueirão

Verão: codorniz, borrelho-pequeno-de-coleira, cuco-rabilongo, abelharuco, andorinha-dáurica

Inverno: marrequinha, zarro-castanho, corvo-marinho, garça-branca-grande, milhafre-real, tartaranhão-azulado, abibe, narceja, perna-verde, maçarico-bique-bique, tordo-comum, ferreirinha-comum

Como visitar

São João dos Caldeireiros é uma pequena vila situada a cerca de 15 km a oeste de Mértola, junto à N267. O principal ponto de interesse aqui é o açude que fica a oeste do povoado. O acesso é feito por um caminho que começa cerca de 200 metros a oeste da vila. É melhor deixar o carro junto à estrada (37.6104, -7.7962) e prosseguir a pé, pois é propriedade privada. O trilho conduz ao paredão, com uma boa visão do açude.

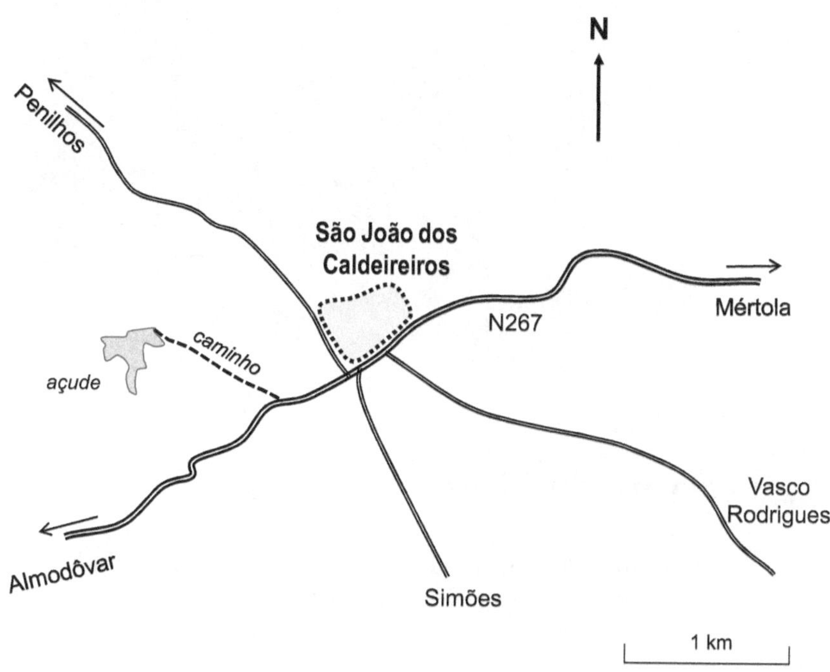

Este local atrai um bom número de aves aquáticas, sobretudo anatídeos (incluindo o pato-de-bico-vermelho), mergulhões, galeirões, garças e limícolas. Tem havido vários registos de cisnes-mudos e pretos, provavelmente domésticos, embora a sua origem não seja muito clara.

As encostas circundantes são dominadas por arbustos (principalmente estevas), com algumas árvores dispersas. O cuco-rabilongo é regular e possivelmente nidifica. Ao longo do caminho, é possível ver vários passeriformes, incluindo cotovia-montesina e toutinegra-do-mato.

Essa área também atrai grandes rapinas, incluindo abutres e águias, por isso vale a pena prospectar o céu.

Do lado sul da aldeia, há alguns ninhos de cegonha-branca, que são usados pelos pardais-espanhóis para construir os seus próprios ninhos (ambas as espécies podem estar ausentes no Outono e no Inverno).

Água Santa da Morena

O rio Oeiras é um afluente do Guadiana. Na Água Santa da Morena, existe uma bela galeria ripícola com vegetação densa.

Aves

Residentes: pato-real, perdiz, mergulhão-pequeno, pombo-torcaz, poupa, guarda-rios, pica-pau-verde, pica-pau-malhado, cotovia-montesina, andorinha-das-rochas, alvéola-cinzenta, carriça, melro-azul, rouxinol-bravo, toutinegra-do-mato, toutinegra-carrasqueira, toutinegra-de-barrete-preto, chapim-rabilongo, picanço-real, pega-azul, estorninho-preto, pardal-espanhol, tentilhão, bico-grossudo, cia

Verão: rola-brava, noitibó-de-nuca-vermelha, abelharuco, andorinha-dáurica, rouxinol-comum, papa-figos

Inverno: corvo-marinho-de-faces-brancas, narceja, maçarico-bique-bique, ferreirinha-comum, tordo-comum, felosa-comum

Como visitar

A maneira mais fácil de chegar aqui é a partir de Mértola, seguindo a N122 por 2 km, depois a N267 a oeste durante 2,7 km, virando exactamente onde os sinais indicam 'João Serra', 'Água Santa' e 'Morena'. Prossiga por mais 3,6 km até aparecer uma ponte (37.6415, -7.7466). Esta é a ponte sobre a ribeira de Oeiras. A exploração é feita a pé (pode-se estacionar antes da ponte). Este local é bastante rico em passeriformes e também atrai algumas aves terrestres maiores.

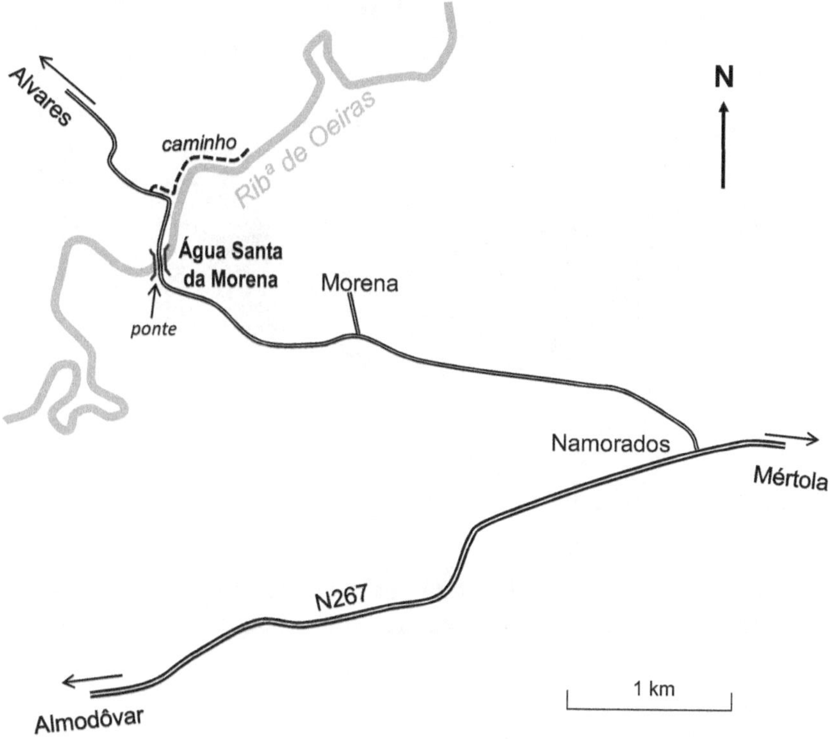

O melhor ponto de partida é logo na ponte. Vale a pena olhar para o rio, pois por vezes aparecem aves aquáticas, como pato-real, corvo-marinho ou pequenas limícolas. Do outro lado da estrada, há uma antiga casa abandonada que é frequentada por um melro-azul.

Sugere-se caminhar para o norte ao longo da estrada, que corre paralela ao rio. Um pouco mais à frente, há uma curva acentuada para a esquerda e a estrada afasta-se do vale do rio. No entanto, um trilho à direita permite continuar ao longo do rio. As encostas são cobertas com matagal denso, o que atrai muitos passeriformes, incluindo toutinegras, chapim-rabilongo e tordo-comum, enquanto as árvores maiores ao longo do rio são apreciadas pelo sempre discreto bico-grossudo.

Outra possibilidade é seguir o vale para o outro lado. Um trilho passa pelas pequenas casas e continua para o oeste ao longo do rio.

Mértola

Com o seu castelo medieval, é uma vila pitoresca na margem direita do Guadiana. As colinas circundantes são cobertas sobretudo por pinhal.

Aves

Residentes: perdiz, cegonha-branca, grifo, águia-real, peneireiro-vulgar, pombo-torcaz, coruja-do-mato, guarda-rios, poupa, andorinha-das-rochas, alvéola-cinzenta, rabirruivo-preto, melro-azul, rouxinol-bravo, toutinegra-do-mato, toutinegra-carrasqueira, chapim-rabilongo, chapim-de-poupa, gaio, gralha-de-nuca-cinzenta, estorninho-preto, chamariz, bico-grossudo, escrevedeira-de-garganta-preta, cia

Verão: peneireiro-das-torres, noitibó-de-nuca-vermelha, andorinhão-preto, andorinhão-pálido, abelharuco, rouxinol-comum, papa-figos

Inverno: corvo-marinho, ferreirinha, felosa-comum, estrelinha-real

Como visitar

A vila velha possui várias especialidades, incluindo uma colónia de peneireiro-das-torres, vários casais de cegonha-branca e alguns melros-azuis. Uma das melhores maneiras de a visitar é seguir a estrada que leva do centro até ao cais no vale do Guadiana (37.6378, -7.6626). É possível caminhar ao longo da margem do rio.

A ponte sobre o Guadiana também é um bom local para observar o vale (pode-se estacionar nas extremidades). A andorinha-das-rochas é regular, podendo ser numerosa no Inverno. No extremo leste, uma pequena estrada à direita leva a um lugar chamado Além-Rio. As vistas sobre a vila são magníficas e o melro-azul é frequentemente visto aqui.

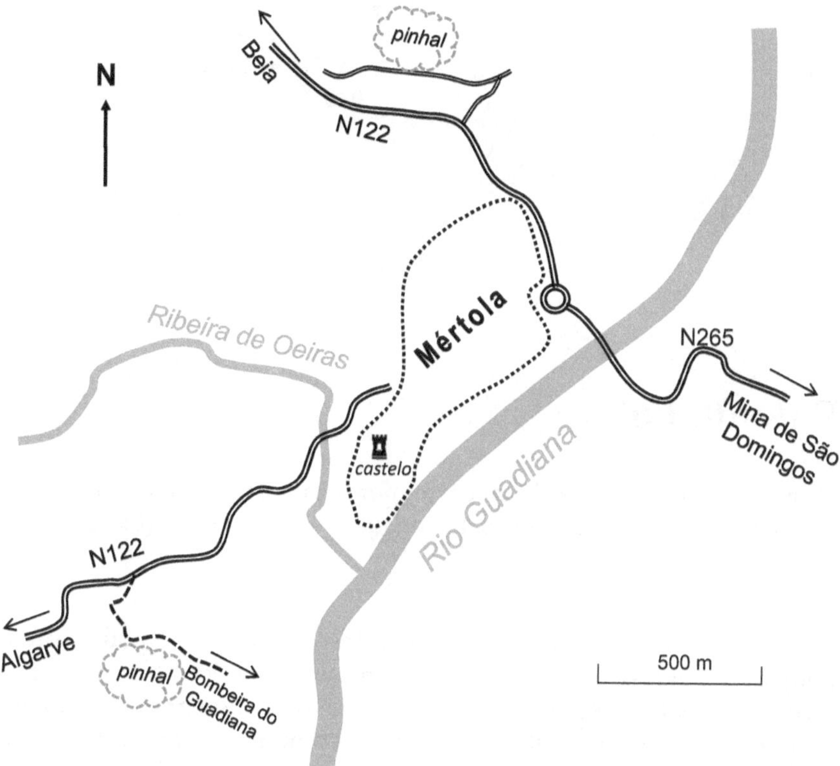

Há outra ponte no lado oeste da vila, sobre o rio Oeiras (37.6381, -7.6666) - este é um bom local para a cia. Debaixo da ponte, existem caixas-ninho para peneireiros-das-torres.

Outra forma interessante de explorar o vale do Guadiana é na Bombeira do Guadiana. Saindo de Mértola para sul pela N122, ao fim de 800 m procure uma estrada não pavimentada à esquerda com a indicação 'Bombeira do Guadiana'. Esta estrada atravessa plantações de pinheiro-manso, onde é possível encontrar várias aves florestais, incluindo chapim-de-poupa e bico-grossudo, e depois ao longo do vale. É uma área tranquila e oferece excelentes vistas sobre o rio e Mértola.

Pulo do Lobo

Neste local o rio Guadiana corre por uma garganta rochosa. Nas encostas há matos e bosquetes. Há pequenos açudes nas proximidades.

Aves

Residentes: perdiz, águia-de-bonelli, águia-real, grifo, abutre-preto, poupa, cotovia-arbórea, cotovia-montesina, andorinha-das-rochas, alvéola-cinzenta, melro-azul, rouxinol-bravo, toutinegra-carrasqueira, toutinegra-de-barrete-preto, trepadeira-comum, chapim-de-poupa, pega-azul, estorninho-preto, chamariz, pintarroxo, bico-grossudo, escrevedeira-de-garganta-preta, cia, trigueirão

Verão: cegonha-preta, águia-cobreira, borrelho-pequeno-de-coleira, cuco-canoro, andorinhão-cafre, andorinha-dáurica, papa-figos

Inverno: petinha-dos-prados, rabirruivo-preto, tordo-comum

Como visitar

O nome 'Pulo do Lobo' é uma referência ao facto de aqui o rio Guadiana ser tão estreito que até um lobo o consegue transpor só com um pulo. Há duas estradas para lá chegar (uma de cada lado do rio).

Aqui descreve-se a rota ocidental, pois essa estrada está em melhores condições.

Saia de Mértola para norte pela N122 e ao fim de 3 km vire à direita para Corte Gafo. Siga as indicações para o Pulo do Lobo, passe Amendoeira da Serra e prossiga até o asfalto terminar e dar lugar a um estradão de terra. Há um portão que em geral está fechado, mas a passagem é permitida (por favor feche o portão depois de passar).

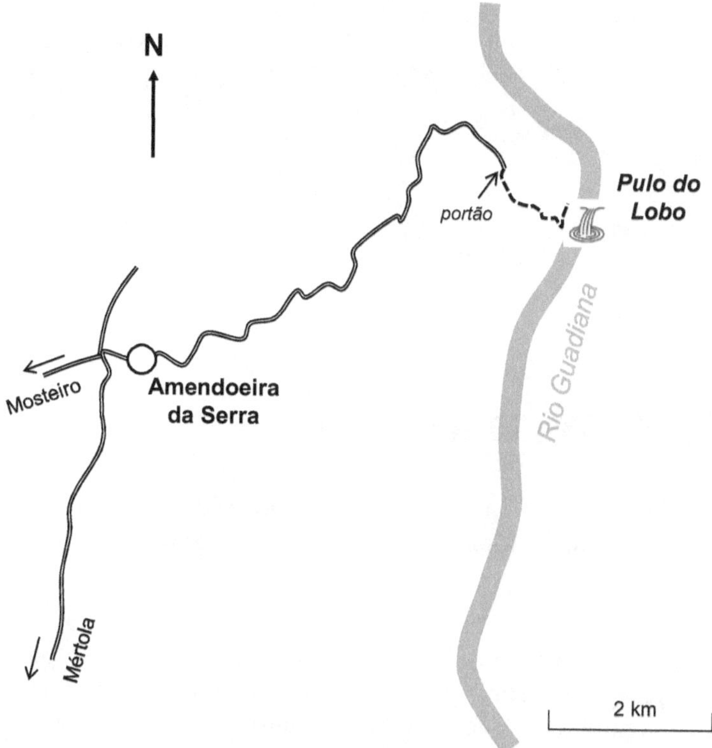

A estrada de terra atravessa uma zona com azinheiras (que têm algumas aves florestais), passa perto de dois pequenos açudes (que às vezes atraem aves aquáticas) e finalmente aproxima-se do rio. É possível estacionar (37.8042, -7.6343) e inspeccionar o vale a partir da plataforma. As escarpas normalmente têm melro-azul e cia, enquanto andorinha-das-rochas voa sobre o vale. Aqui também ocorrem aves planadoras, incluindo águias, abutres e cegonha-preta.

Um pequeno trilho segue para norte ao longo do rio, permitindo explorar essa secção do vale.

Conforme foi referido acima, também é possível chegar ao Pulo do Lobo pelo lado oriental, a partir da N265 que liga Mértola a Serpa.

Mina de São Domingos

Trata-se de uma mina a céu aberto abandonada. Ainda existem algumas ruínas das antigas construções. A paisagem é muito peculiar.

Aves

Residentes: cegonha-branca, grifo, abutre-preto, águia-real, peneireiro-vulgar, pica-pau-verde, poupa, cotovia-montesina, andorinha-das-rochas, melro-azul, toutinegra-do-mato, toutinegra-carrasqueira, picanço-real, pega-azul, estorninho-preto, pardal-francês, chamariz, pintarroxo, bico-grossudo

Verão: águia-cobreira, borrelho-pequeno-de-coleira, rola-brava, cuco-canoro, andorinhão-preto, andorinhão-cafre, abelharuco, torcicolo, andorinha-dáurica, chasco-ruivo, papa-figos, picanço-barreteiro

Como visitar

Saindo de Mértola, tome a N265 em direcção a leste e continue durante 17 km. Ao chegar à aldeia da 'Mina de São Domingos', surge uma barragem do lado esquerdo. É a barragem da Tapada Grande. Apesar do seu tamanho, não atrai muitas aves aquáticas.

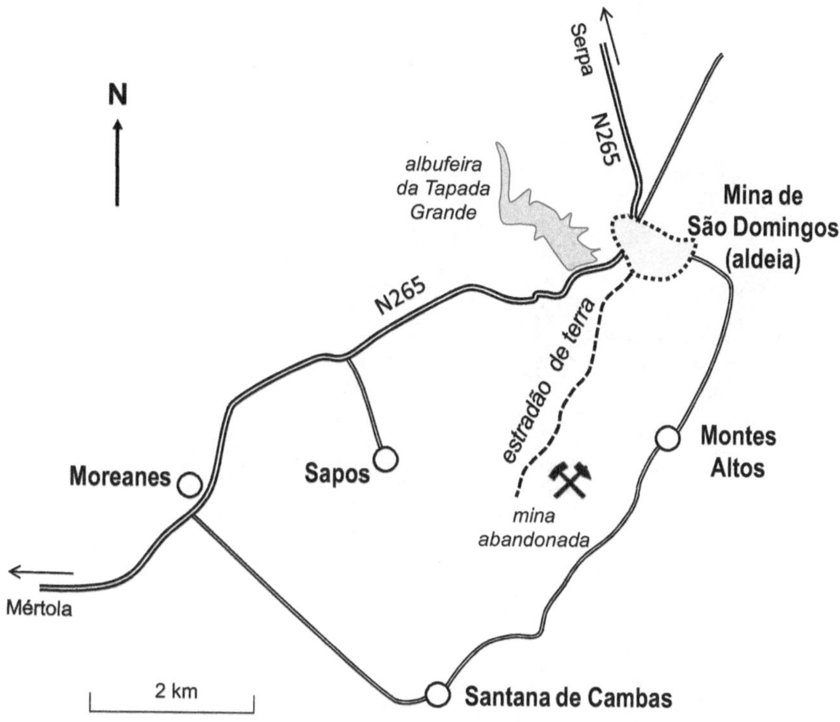

A rota mais interessante é pela estrada de terra que leva às antigas instalações mineiras. Deixe a N265 e atravesse a aldeia, seguindo as indicações para 'Mina-ruínas' ou 'Complexo Mineiro' (os sinais podem não ser muito óbvios – a estrada de terra começa em 37.6696, -7.4999).

A paisagem tem um aspecto desolado e, à primeira vista, parece não haver aves. Há uma grande quantidade de detritos, que na Primavera atraem muitos chascos-ruivos. Vale a pena parar perto das construções da antiga mina – em geral é possível ver andorinha-das-rochas, andorinha-dáurica e melro-azul. Este também é um local conhecido de ocorrência do raro andorinhão-cafre – é necessária paciência para ver esta espécie esquiva, que chega tarde e geralmente não é registada antes de Maio. Uma visita matinal aumentará as hipóteses de sucesso.

A área circundante é coberta por várias plantações de pinheiro e eucalipto. As aves desse habitat incluem o pica-pau-verde, a pega-azul e o papa-figos.

Neste local também aparecem rapinas. O grifo e o abutre-preto não nidificam na zona, mas por vezes algumas aves, provavelmente vindas da vizinha Espanha, surgem por aqui. A águia-cobreira é regular neste local e a águia-real também já foi registada.

Pomarão

Vales cavados com arbustos, afloramentos rochosos e algumas árvores.

Aves

Residentes: perdiz, garça-branca-pequena, peneireiro-vulgar, bufo-real, guarda-rios, poupa, andorinha-das-rochas, carriça, melro-azul, rouxinol-bravo, toutinegra-do-mato, toutinegra-carrasqueira, chapim-rabilongo, gaio, pega-azul, estorninho-preto, pardal-espanhol, bico-de-lacre, chamariz, pintarroxo, bico-grossudo, cia

Verão: abelharuco, andorinha-dáurica, rouxinol-comum, chasco-ruivo, toutinegra-carrasqueira, picanço-barreteiro, papa-figos

Inverno: corvo-marinho, garça-real, guincho-comum, garajau-comum, ferreirinha-comum, rabirruivo-preto, tordo-comum, lugre

Como visitar

O acesso a partir de Mértola é feito pela N265. Ao fim de 5 km, corte à direita, passe Fernandes e Alves e, no próximo entroncamento, siga pela estrada para o Pomarão. Esta aldeia fica na margem esquerda do Guadiana. Do outro lado do rio, encontra-se Mesquita (página 44).

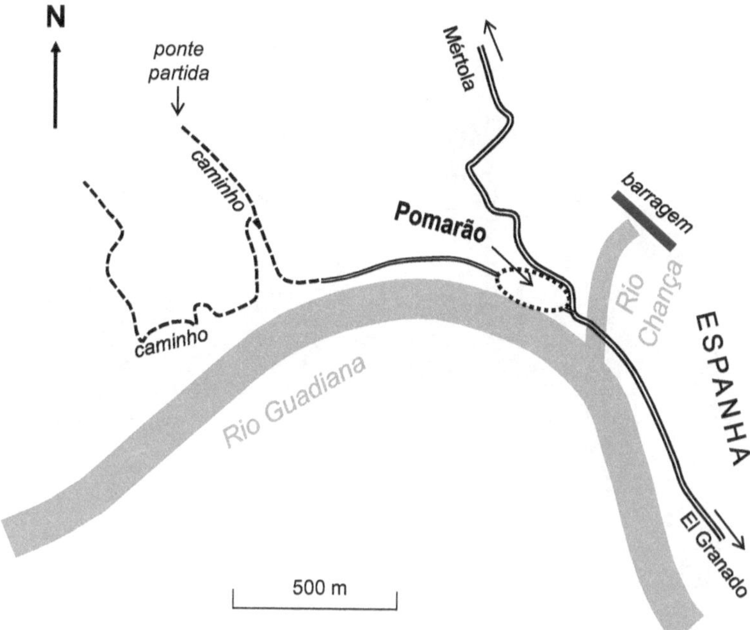

O rio não costuma ter muitas aves aquáticas, mas vale a pena prospectar, principalmente no Inverno, pois às vezes há garças, gaivotas ou até garajaus; além disso, pode haver aves migratórias a seguir o curso do rio. O rouxinol-bravo ocorre ao longo da margem. No extremo sul do povoado, também vale a pena espreitar junto à ponte que faz a ligação a Espanha sobre o rio Chança.

Ao longo da margem do Guadiana, os grandes eucaliptos atraem algumas aves florestais principalmente o chapim-rabilongo e o gaio, que são bastante escassos na região. Na aldeia ocorre o melro-azul – geralmente pousa nos edifícios em ruínas.

Para explorar longe do vale, a melhor abordagem é seguir a rota sinalizada GR15 que segue para norte. Esta rota segue o traçado da antiga linha férrea que ligava o Pomarão à Mina de São Domingos (ainda resta um antigo túnel) e percorre um vale estreito e cavado (37,5586, -7,5358). Sabe-se que o bufo-real ocorre aqui, mas esta espécie é, como sempre, muito discreta. Outras espécies que podem ser vistas neste local incluem andorinha-das-rochas, melro-azul (nos afloramentos rochosos), bico-grossudo, cia e, no Inverno, ferreirinha-comum. Um pouco mais adiante, chega-se a uma bifurcação. A rota GR15 vai para a esquerda e para cima. É possível continuar em frente, mas ao fim de algumas centenas de metros, o caminho termina numa ponte partida.

Mesquita

Uma área de matagal na margem direita do rio Guadiana.

Aves

Residentes: perdiz, garça-branca-pequena, mocho-galego, guarda-rios, poupa, cotovia-montesina, cotovia-arbórea, andorinha-das-rochas, carriça, cartaxo, rouxinol-bravo, toutinegra-do-mato, toutinegra-carrasqueira, chapim-rabilongo, picanço-real, pega-azul, estorninho-preto, pintarroxo, bico-grossudo, cia, trigueirão, bico-de-lacre

Verão: rola-brava, abelharuco, andorinha-dáurica, rouxinol-comum, chasco-ruivo, toutinegra-carrasqueira, picanço-barreteiro, papa-figos

Inverno: corvo-marinho-de-faces-brancas, petinha-dos-prados, tordo-comum

Como visitar

Trata-se de uma área bastante remota e uma das menos visitadas da região – está localizada na extremidade sul do Parque Natural do Vale do Guadiana, mesmo em frente ao Pomarão (consulte a página 42). O acesso é feito através da aldeia de Mesquita, a 25 km a sueste de

Mértola - a partir desta vila, siga a N122 para sul durante 18 km, depois vire à esquerda e continue por mais 7 km até Mesquita. Nesse local (37.5391, -7.5366), o asfalto termina, mas é possível prosseguir por caminhos largos não pavimentados. São sugeridas duas rotas.

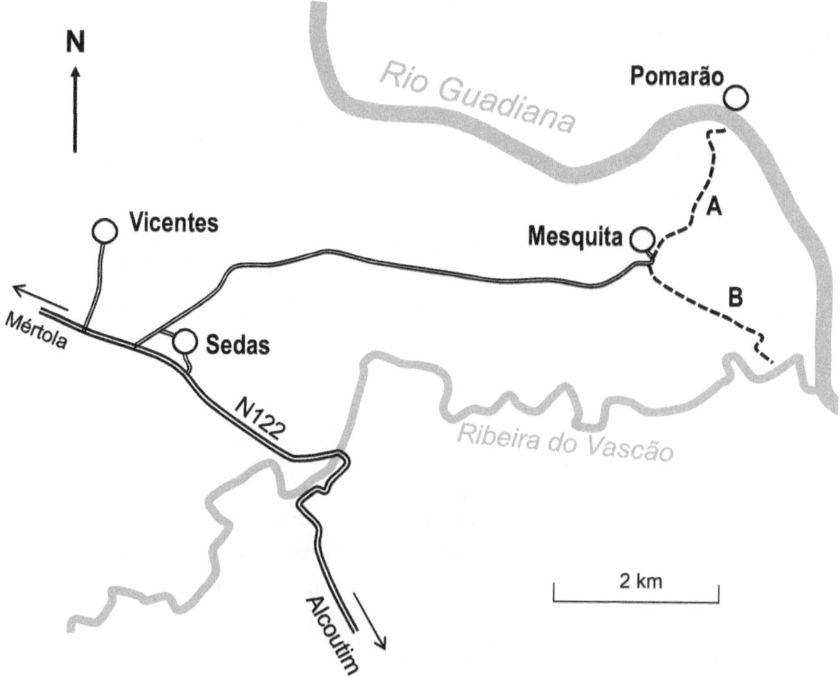

A **rota A** leva ao vale do Guadiana e pode ser feita de carro. No início, atravessa uma área de matagal, onde as espécies típicas incluem cotovia-montesina, chasco-ruivo e toutinegra-do-mato. Depois, desce abruptamente, à medida que se aproxima do Guadiana. Na margem oposta vê-se o Pomarão. O rio tem uma galeria ripícola, sobretudo salgueiros, e aqui é possível encontrar vários passeriformes, incluindo o exótico bico-de-lacre (não é uma ave comum nesta região), o papa-figos, o chapim-rabilongo e o rouxinol-comum. Também vale a pena olhar para o rio, pois às vezes aparecem aves aquáticas.

A **rota B** segue para sueste em direcção ao rio Vascão (um afluente do Guadiana). O caminho é bastante irregular, portanto, a menos que tenha um veículo com tracção às quatro rodas, é melhor ir a pé. As encostas encontram-se cobertas por arbustos, principalmente esteva. As aves incluem cotovia-montesina e várias espécies de toutinegras. O rio Vascão corre ao longo de um vale profundo até ao Guadiana, que também é visível à distância. Esta área raramente é visitada por observadores de aves, por isso podem ocorrer outras surpresas.

Locais adicionais

Nesta secção, sugerem-se alguns locais adicionais que também poderão ser interessantes. Muitos deles foram incluídos por serem conhecidos como locais de referência para determinadas espécies.

Para cada um desses locais, é dada uma breve descrição e uma sugestão de exploração, assim como as coordenadas dos principais pontos de referência. O mapa com estes locais está na página 48.

Centro urbano de Castro Verde

Uma paragem nesta vila pode produzir observações interessantes. Na Primavera há andorinhões-pretos e pálidos. Durante o dia é frequente haver aves de rapina a sobrevoar, em especial milhafres-pretos e reais, bem como águia-calçada. A coruja-das-torres é residente e às vezes pode ser vista de noite, voando sobre as ruas. O bufo-pequeno é avistado regularmente, sobretudo no Inverno.

Charca das Hortas Comunitárias

Ao lado da N2, perto de algumas hortas, existe uma pequena charca (37.7191, -8.0870). O local encontra-se vedado, mas pode ser parcialmente visto da estrada principal. Esta charca atrai patos e limícolas, incluindo pernilongos. As planícies circundantes costumam ter aves de rapina e, por vezes, aves estepárias.

Fontes Bárbaras

Esta área fica a sueste do Carregueiro, entre a N2 e a estrada para Entradas. Um estradão de terra liga as duas estradas e pode ser feito de carro – os seus pontos extremos estão em (37.7602, -8.0949) e (37.7977, -8.0609). A rota tem cerca de 7 km de extensão e oferece a oportunidade de ver estepárias e rapinas. No Inverno, pode haver grous e tarambolas-douradas. Há também um açude.

Açude de Entradas

Logo a sul de Entradas, perto da estrada secundária que leva a São Marcos da Ataboeira, fica outro açude. Este é muito acessível e atrai frequentemente uma boa variedade de aves aquáticas, incluindo o pato-de-bico-vermelho. Outras espécies que são registadas com regularidade neste local incluem íbis-preta, cuco-rabilongo e cortiçol-de-barriga preta. É possível estacionar sob os eucaliptos (37.7665, -8.0098) e inspeccionar o açude a partir daí.

Ribeira de Cobres

Este pequeno rio corre para nordeste. É conhecido como sendo um dos melhores locais para encontrar o rouxinol-do-mato. O rio pode ser acedido a partir da estrada que liga Entradas a São Marcos da Ataboeira (existe uma ponte em 37.7282, -7.9768).

Ribeira da Maria Delgada

Esta ribeira também corre para nordeste e desagua na anterior; é mais um bom local para procurar o rouxinol-do-mato. A ponte da N123 (37.6922, -8.0290) é provavelmente o melhor lugar para se aproximar deste vale e explorar as margens.

São Pedro das Cabeças

Um pouco a sueste de Castro Verde, há uma colina com uma capela no topo. As encostas encontram-se cobertas por azinheiras dispersas, onde o mocho-pequeno-d'orelhas pode ser ouvido na Primavera. Perto de Geraldos, a ponte sobre a ribeira da Maria Delgada (37.6794, -8.0477) também merece inspecção.

São Marcos da Ataboeira

Esta é uma área descoberta logo a sul da N123, que é outro excelente lugar para encontrar aves estepárias, tais como abetarda, sisão, peneireiro-das-torres, cortiçol-de-barriga-preta e rolieiro. Fica a alguns quilómetros a leste de São Marcos da Ataboeira e pode ser acedida seguindo um estradão (que começa em 37.7078, -7.9198).

Vale de Açor

Vale de Açor é provavelmente a melhor localização em toda a região para ver bandos de grous de Inverno. Encontra-se na N122, 25 km a noroeste de Mértola. A cerca de 1 km a norte de Vale de Açor, procure um caminho para a esquerda com a indicação Herdade dos Lagos (37.7988, -7.8585). Este caminho conduz a um açude, que é um bom lugar para observar os grous. Há outro açude a cerca de 2 km a oeste, mas para o visitar é necessária autorização.

Açude de Almajões

É mais um pequeno açude poucos quilómetros a leste de Mértola e a norte da N265. Tal como noutros açudes da região, o número de aves é extremamente variável, dependendo do nível da água. Alcaravão, perdiz-do-mar, pato-de-bico-vermelho e rouxinol-grande-dos-caniços já aqui foram registados, bem como outras aves aquáticas (o acesso é feito a pé a partir de 37.6325, -7.6017).

Corvos e Corte Sines

É uma área interessante, mas pouco explorada, ao norte da N265, a noroeste de Moreanes (ver mapa página 41). Em Corvos, há um pequeno açude (37.6617, -7.6010), que costuma atrair aves aquáticas e limícolas. A águia-real também já foi observada neste local. Corte Sines está localizada um pouco a norte e consiste em habitat misto com árvores dispersas, onde há algumas aves florestais.

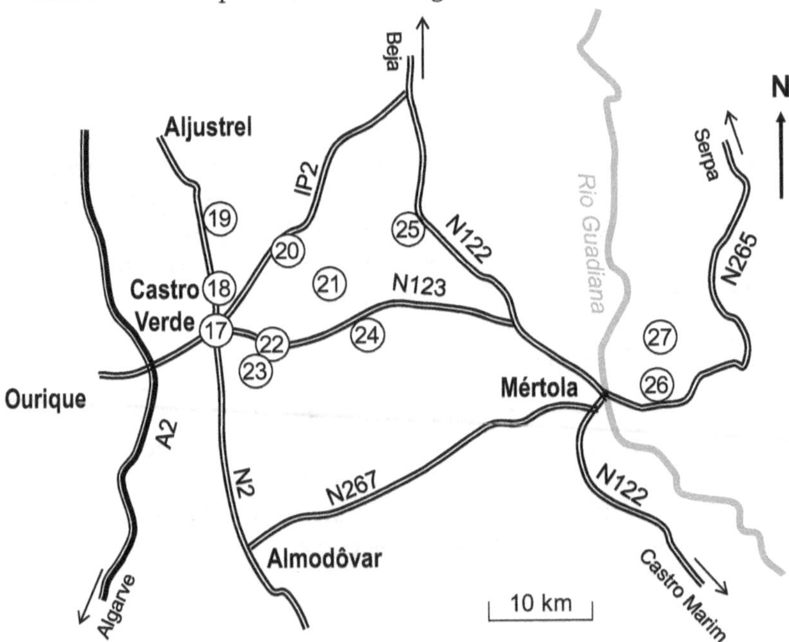

17. Castro Verde	22. Ribeira da Maria Delgada
18. Charca das hortas comunitárias	23. São Pedro das Cabeças
	24. São Marcos da Ataboeira
19. Fontes Bárbaras	25. Vale de Açor
20. Entradas	26. Albufeira de Almajões
21. Ribeira de Cobres	27. Corvos e Corte Sines

Mapa dos locais adicionais de observação na zona de Castro Verde e Mértola

Sobre o autor

Gonçalo Elias nasceu em Lisboa em 1968. Dedica-se à observação e ao estudo das aves desde Dezembro de 1987. Tem uma ampla experiência de campo, aliada a um bom conhecimento do território, tendo já visitado todos os concelhos de Portugal Continental e quase todos os das ilhas, bem como mais de 30 países, distribuídos por quatro continentes, com o intuito de observar aves selvagens. Colaborou em oito atlas ornitológicos em Portugal, Espanha e Tanzânia. É autor ou co-autor de mais de vinte livros sobre as aves portuguesas e sobre os melhores locais para as observar, incluindo: *Guia das Aves de Lisboa, As Aves do Estuário do Tejo, As Aves do Estuário do Sado, A Birdwatcher's Guide to Portugal, Aves de Portugal – Ornitologia do território continental* e *Birding hotspots in the Algarve* (uma série de 8 livros), bem como de diversos artigos publicados em revistas da especialidade.

Sócio fundador da SPEA – Sociedade Portuguesa para o Estudo das Aves, a cuja Direcção pertenceu entre 1999 e 2002. Foi coordenador do CPR – Comité Português de Raridades entre 2002 e 2006. Desde 2007 promove a actividade de observação de aves usando as novas tecnologias de informação e comunicação, sendo fundador e administrador do Forum Aves (a maior comunidade *online* de observadores de aves em Portugal), lançado em Julho de 2007, bem como fundador e coordenador do portal avesdeportugal.info, lançado em Janeiro de 2008. No âmbito deste portal tem organizado, desde 2011, cursos *online* gratuitos, com o objectivo de promover, junto da comunidade lusófona, o desenvolvimento de competências de identificação das aves selvagens de Portugal.

É licenciado em Engenharia Electrotécnica e de Computadores (IST, 1991) e possui um MBA em Gestão de Empresas (UNL, 1996), sendo igualmente formador profissional certificado pelo IEFP.